Índice

Rourke Educational Media
rourkeeducationalmedia.com

¿Puedes encontrar estas palabras?

calabazas

desfile

pastel

regalos

¿Qué es un día feriado?

Los días feriados son especiales.

Los días feriados sólo suceden una vez al año.

Son días para celebrar.

La Navidad es un día feriado.

Las personas dan **regalos.**
Cantan canciones especiales.

A algunas personas les gusta decorar en los días feriados.

¡**Calabazas** y murciélagos para *Halloween*!

Algunas personas comen comidas especiales.

Pastel de calabaza para el Día de Acción de Gracias.

Algunos días feriados tienen **desfiles.**

¿Qué haces en los días feriados?

¿Encontraste estas palabras?

¡**Calabazas** y murciélagos para *Halloween*!

Algunos días feriados tienen **desfiles**.

Pastel de calabaza para el Día de Acción de Gracias.

Las personas dan **regalos**.

Glosario fotográfico

calabazas: frutos grandes y redondos de color naranja, con cáscaras gruesas y muchas semillas.

desfile: una fila de varias personas y vehículos que son parte de una fiesta o día feriado.

pastel: masa sola o rellena de fruta, crema, carne o vegetales y cocinada en un horno.

regalos: cosas que le das a alguien en un día especial.

Índice analítico

Sobre la autora

A Michelle García Andersen le encanta celebrar los días feriados. Su favorito es la Navidad. Le encantan las decoraciones, la comida deliciosa y pasar el día con su familia.

www.rourkeeducationalmedia.com

PHOTO CREDITS: Cover ©evgenyatamanenko, Page 3 ©fstop123, Page 4-5 ©By India Picture, Page 2,6-7,14,15 ©eli_asenova, Page 2,8-9,14,15 ©Roman Samborskyi, Page 2,10-11,14,15 ©YinYang, Page 2,12-13,14,15 ©jcarillet

Edición: Keli Sipperley
Diseño de la tapa: Kathy Walsh
Diseño interior: Rhea Magaro-Wallace
Traducción: Santiago Ochoa
Edición en español: Base Tres

Library of Congress PCN Data
¿Qué es un día feriado? / Michelle García Andersen
(Días de descubrimiento)
ISBN (hard cover - spanish)(alk. paper) 978-1-64156-930-9
ISBN (soft cover - spanish) 978-1-64156-954-5
ISBN (e-Book - spanish) 978-1-64156-978-1
ISBN (hard cover - english)(alk. paper) 978-1-64156-181-5
ISBN (soft cover - english) 978-1-64156-237-9
ISBN (e-Book - english) 978-1-64156-289-8
Library of Congress Control Number: 2018956001

Printed in the United States of America, North Mankato, Minnesota